☼ UN ART DE VIVRE PAR TEMPS DE CATASTROPHE

Henry Kreisel Lecture Series

# DANY LAFERRIÈRE

# UN ART DE VIVRE PAR TEMPS DE CATASTROPHE

THE UNIVERSITY OF ALBERTA PRESS

Published by

The University of Alberta Press
Ring House 2
Edmonton, Alberta, Canada T6G 2E1

and

Canadian Literature Centre /
Centre de littérature canadienne
3–5 Humanities Centre
University of Alberta
Edmonton, Alberta, Canada T6G 2E5

Copyright © 2010 Dany Laferrière
Introduction Copyright © 2010 Marie Carriere

LIBRARY AND ARCHIVES CANADA
CATALOGUING IN PUBLICATION /
CATALOGAGE AVANT PUBLICATION DE
BIBLIOTHÈQUE ET ARCHIVES CANADA

Laferrière, Dany
   Un art de vivre par temps de catastrophe /
Dany Laferrière.

(Collection Conférences commémoratives
Henry Kreisel)
Publ. en collab. avec le Centre de littérature
canadienne.
Conférence prononcée le 5 mars 2009
au Centre de littérature canadienne de
l'Université de l'Alberta.
ISBN 978-0-88864-553-1

   I. Centre de littérature canadienne
II. Titre. III. Collection: Henry Kreisel memorial
lecture series

PS8573.A348A78 2010   C845'.54
C2010-905510-1

All rights reserved.
First edition, first printing, 2010.
First printed and bound in Canada by Houghton
Boston Printers, Saskatoon, Saskatchewan.

No part of this publication may be produced,
stored in a retrieval system, or transmitted
in any forms or by any means, electronic,
mechanical, photocopying, recording, or
otherwise, without the prior written consent
of the copyright owner or a licence from The
Canadian Copyright Licensing Agency (Access
Copyright). For an Access Copyright licence,
visit www.accesscopyright.ca or call toll free:
1-800-893-5777.

The Canadian Literature Centre acknowledges
the support of the Alberta Foundation for the
Arts for the Henry Kreisel Lecture delivered by
Dany Laferrière in March 2009 at the University
of Alberta.

The University of Alberta Press gratefully
acknowledges the support received for its
publishing program from The Canada Council
for the Arts. The University of Alberta Press also
gratefully acknowledges the financial support
of the Government of Canada through the Book
Publishing Industry Development Program
(BPIDP) and from the Alberta Foundation for
the Arts for its publishing activities.

## LIMINAIRE

CRÉÉ EN 2006 grâce au don directeur du bibliophile illustre edmontonien, le docteur Eric Schloss, le Centre de littérature canadienne (CLC) favorise la production et l'étude des littératures canadiennes d'expression française et anglaise, surtout par rapport à leur engagement pour un avenir juste et l'amélioration de la société. Les conférences Kreisel figurent parmi les programmes les plus chers du CLC. Publiées dans le cadre de la série Kreisel, ces conférences publiques et annuelles se consacrent à perpétuer la mémoire de Monsieur le Professeur Henry Kreisel, offrant un forum pour la pensée critique ouverte et inclusive.

Auteur, professeur universitaire et Officier de l'Ordre du Canada, Henry Kreisel naît à Vienne d'une famille juive en 1922. En 1938, il quitte son pays natal pour l'Angleterre et est interné pour une durée de 18 mois, au Canada, lors de la Deuxième Guerre mondiale. Après ses études à l'Université de Toronto, il devient professeur à l'Université de l'Alberta en 1947, et à partir de 1961 jusqu'à 1970, il y dirige le département d'anglais. De 1970 à 1975, il est vice-recteur (universitaire), et il est nommé professeur hors rang en 1975, la plus haute distinction scientifique décernée par l'Université de l'Alberta à un membre de son professorat. Professeur adoré, il transmet l'amour de la littérature à plusieurs générations d'étudiants et il est parmi les premiers écrivains à introduire l'expérience immigrante dans la littérature canadienne moderne. Il décède à Edmonton en 1991. Parmi ses oeuvres, on citera les romans, *The Rich Man* (1948) et *The Betrayal* (1964), et un recueil de nouvelles intitulé, *The Almost Meeting* (1981). Son journal d'internement, accompagné d'articles critiques sur son oeuvre, paraît dans *Another Country: Writings By and About Henry Kreisel* (1985).

## FOREWORD

ESTABLISHED IN 2006 in the wake of a leadership gift by Edmonton's noted bibliophile, Dr. Eric Schloss, the Canadian Literature Centre (CLC) promotes the production and study of Canadian literature in both French and English, especially as a future-oriented commitment to justice and to social betterment. The Kreisel Lectures constitute one the most cherished programs of the CLC. Published within the Kreisel Series, these public annual lectures set out to ensure Professor Henry Kreisel's legacy, offering a forum for open, inclusive critical thinking.

Author, University Professor and Officer of the Order of Canada, Henry Kreisel was born in Vienna into a Jewish family in 1922. Henry Kreisel left his homeland for England in 1938 and was interned, in Canada, for 18 months during the Second World War. After studying at the University of Toronto, he began teaching in

1947 at the University of Alberta and served as Chair of English from 1961 until 1970. He served as Vice-President (Academic) from 1970 to 1975, and was named University Professor in 1975, the highest scholarly award bestowed on its faculty members by the University of Alberta. Professor Kreisel was an inspiring and beloved teacher who taught generations of students to love literature and was one of the first people to bring the experience of the immigrant to modern Canadian literature. He died in Edmonton in 1991. His works include two novels, *The Rich Man* (1948) and *The Betrayal* (1964), and a collection of short stories, *The Almost Meeting* (1981). His internment diary, alongside critical essays on his writing, appears in *Another Country: Writings By and About Henry Kreisel* (1985).

## ❋ PRÉSENTATION

«*Je suis un écrivain japonais*».
«*Je voyage en français*».
«*Je suis fou de Vava*».
«*Je suis fatigué*».
«*Je suis en Amérique*».
«*J'écris comme je vis*».

QUI EST CE «JE» S'AFFIRMANT ainsi dans l'écriture laferrienne? Et encore, qui est Dany Laferrière? Un écrivain haïtien? Un Québécois? Un Francophone? Un migrant? Un auteur de l'exil, de l'errance, du sexe, de l'urbanité, de l'engagement, du voyage? Ou encore, simplement un écrivain, dont l'œuvre dessine les méandres de l'identité multiple d'un moi créateur, tellement créateur, façonné par sa continuelle traversée des lieux, des appartenances, des frontières géographiques, culturelles et littéraires. Quelqu'un se réclamant de deux naissances, né physiquement en Haïti, mais comme écrivain à Montréal.[1]

De son côté, Henry Kreisel établissait des rapprochements entre les mondes différents traversant l'œuvre et peut-être aussi l'homme lui-même. Alors que cette conférence annuelle se consacre à perpétuer le souvenir du Professeur Kreisel, la contribution de Dany Laferrière ce soir s'avère être une contribution importante à la réalisation de cette mission. Précédée par les conférences de Joseph Boyden (NeWest Press/CLC 2008) et de Wayne Johnston (NeWest Press/CLC 2009), cette première conférence de la série Kreisel donnée en français se trouve ici remaniée par l'auteur pour le format écrit. Publiée également en français par la University of Alberta Press et le Centre de littérature canadienne, cette voix québécoise participe désormais au récital des voix francophones du Far Ouest, elles-mêmes au confluent de différentes tonalités, de multiples origines, de divers accents.

Les particularités de l'oeuvre laferrienne ne se résument pas facilement. Aussi participent-elles à un certain refus : de l'Histoire, des récits au grand sérieux, de la rectitude politique, de la linéarité narrative, de la nostalgie, du folklore, des stéréotypes. Jamais ne se lasse Dany Laferrière de dénoncer tout cliché ou encore tout cloisonnement, qu'il soit d'ordre culturel ou littéraire.

Il soumet sa poétique au principe de la traversée — des délimitations entre les genres, entre l'imagination et la réalité, entre l'intimité et l'engagement, entre l'autobiographie et l'autofiction. Des confins de ce qui se veut vrai et se veut faux. L'écriture dit les choses en nous bombardant de ce qu'elle s'affaire à décomposer; elle les dit parfois brutalement, crûment, en riant et d'une élégance de style dont les clins d'œil intertextuels trahissent l'extrême culture de l'auteur.

Habitée par le quotidien, l'actualité, la contemporanéité, sans oublier les souvenirs intimes tel celui de la grand-mère Da qui pourchassera l'imaginaire du petit garçon dans sa création destinée aux enfants comme aux adultes, l'œuvre de Dany Laferrière possède bien des facettes. Mais peut-être avant tout est-elle observatrice de la société et du personnage même de l'écrivain qui doit à tout prix s'y inscrire et y vivre. L'auteur amorce sa carrière comme journaliste dans le Port-au-Prince abusif des Papa et Baby Doc, qu'il doit quitter en 1976. Il débarque à Montréal à l'âge de 23 ans, mais composera plusieurs romans «dans une petite chambre ensoleillée, à Miami». Étalé pour la première fois dans le roman dont le titre demeure le plus cité au Québec, *Comment faire l'amour avec un nègre sans se fatiguer*, ce témoignage social teinté d'ironie mordante catapultera Dany Laferrière sur l'avant-scène de la littérature québécoise. Le succès du premier livre inaugure ce que l'auteur nomme lui-même son «autobiographie américaine», regroupant des textes inoubliables : *L'odeur du café*, *Le goût des jeunes filles*, *Cette grenade dans la main du jeune Nègre est-elle une arme ou un fruit?*, *Pays sans chapeau*, *Le cri des oiseaux fous*, parmi d'autres.

Dany Laferrière a conquis, pour ainsi dire, le Québec, le Canada, les États-Unis, l'Europe, les Caraïbes et l'Afrique. Ses livres ont été traduits en anglais, en espagnol, en italien, en néerlandais, en grec, en coréen et en suédois. L'auteur remporte plusieurs prix littéraires, dont le prix Edgard Lespérance, le prix Carbet de la Caraïbe et un Prix littéraire du Gouverneur général pour la littérature jeunesse. Mais ce n'est pas avant le Prix Médicis 2009 décerné pour son roman *L'énigme du retour* que l'on entérine Dany Laferrière parmi les consacrés de la francophonie littéraire. Or il est peu probable que notre conférencier d'honneur écrive afin de conquérir le monde, malgré le titre de l'un de ses longs métrages, *Comment conquérir l'Amérique en une nuit*. Il reste convaincu, d'ailleurs, «depuis le début que c'est une chose pleine d'angoisse qu'est le chemin de la littérature».[2] Il écrit plutôt comme il vit, et voilà la teneur de sa conférence.

MARIE CARRIÈRE
*Directrice, Centre de littérature canadienne*
*Université de l'Alberta*

NOTES

1. Dans Hélène Marcotte, «Je suis né comme écrivain à Montréal». *Québec français* 79 (1990) : 80–81; ct. ds. Ursula Moser. *Dany Laferrière : la dérive américaine*. Montréal : VLB, 2003. Cette excellente étude de Moser, à la fois biographique et littéraire, est le seul ouvrage intégral consacré exclusivement à Dany Laferrière.
2. «Dany Laferrière ravi de son Médicis». Radio-Canada : Arts et spectacles. 5 novembre 2009. www.radio-canada.ca/nouvelles/arts_et_spectacles/2009/11/04/001-Laferriere-Medicis.shtml.

✻ **UN ART DE VIVRE PAR TEMPS DE CATASTROPHE**

## ☀ INTRODUCTION

JE NE SUIS PAS UN VRAI CONFÉRENCIER. Je ne cherche pas à agiter des idées. Je viens de remarquer que je n'ai pas beaucoup de sujets dans mon escarcelle. Je n'en ai vraiment qu'un seul. Je suis obsédé par l'idée de faire savoir au monde que j'ai eu une enfance heureuse. Et cela malgré la dictature. Une enfance que j'ai cherché à garder si longtemps qu'elle me semble se poursuivre jusqu'à aujourd'hui. Hier, je la vivais. Aujourd'hui, du moins en tant qu'écrivain, elle me permet d'exister. C'est le moment fondamental de ma vie. Je suis encore étonné du fait que j'ai pu passer à travers les mailles du filet d'acier de Papa Doc, le dictateur du temps de mon enfance.

Pour beaucoup de gens, l'enfance reste un moment difficile à retrouver dans sa vraie lumière. On la voit rose ou noire. C'est une fondation faite de souvenirs dont la plupart nous ont été dictés par d'autres, ceux qui étaient déjà adultes au moment de notre enfance. C'est une mémoire douteuse. Alors pourquoi je semble y croire tant ? Parce qu'elle est aussi une forme de résistance à la violence qui m'entourait durant l'époque la plus noire de la dictature. Les années 60 furent terrifiantes en Haïti. Et cela se passait au moment où les pays occidentaux s'apprêtaient à fleurir — le pouvoir des fleurs.

Si je parle sans cesse de ma grand-mère, de sa tendresse, c'est pour rappeler l'humanité d'une partie du monde. On a l'impression que pour beaucoup de gens en Occident (en Amérique comme en Europe) il ne reste plus beaucoup de dignité à ceux qui ne jouissent pas d'un minimum de confort. En-dessous d'un seuil pareil, on n'est plus un humain, c'est-à-dire qu'on perd la capacité de rêver comme d'apprendre. La misère éroderait totalement notre sensibilité. La faim peut faire des ravages, c'est vrai, mais l'être possède des ressources insoupçonnables. On ne peut pas résumer la qualité de vie d'une société uniquement par la richesse mise à sa disposition. Il arrive même qu'un tel confort crée de nos problèmes. En fait, il est difficile de savoir avec précision ce qu'est une bonne vie. Une amie me racontait dernièrement que son enfance fut magique et cela malgré le fait qu'elle manquait presque de tout. Je suis sûr qu'aux yeux des autres, elle devait être un enfant malheureux. L'esprit humain cherche toujours des solutions pour résoudre les problèmes qu'on lui pose. À défaut de jouets préfabriqués que sa mère ne peut lui acheter, l'enfant invente des jeux plus subtils que ceux de la manufacture.

On se demande, comment est-on arrivé à croire de tels clichés comme celui qui insinue que les pauvres du Tiers-Monde ne pensent qu'à la survie? Que ces gens ne sont pas sensibles à la poésie de la vie? Et que l'art est un luxe au-dessus de leurs moyens? Au fond, même les pays les plus puissants n'arrivent pas à se dépêtre des clichés. Un cliché existe parce que celui qui l'entend veut bien le croire. Alors on voit des savants oubliant le principe de base qui exige d'analyser toute affirmation, pour ensuite répéter des affirmations qui, en d'autres circonstances, n'auraient pas le moindrement retenu leur attention. Je ne sais pas quand on a commencé à faire circuler dans le monde, par exemple, que le Canada est un pays habité par des niais heureux. Ou que les États-Unis sont constitués de gros imbéciles, et cela malgré le fait qu'il existe des centaines d'universités et qu'ils dominent la liste des «Prix Nobel», dans le domaine scientifique comme dans le domaine littéraire. Quant aux Japonais, ils ne pensent qu'à une chose : photographier la planète. On les voit partout où il y a des monuments historiques à photographier. Ils se sont tant fait photographier devant la Tour Eiffel qu'on a pensé, une fois, que c'était la Tour Eiffel qui se faisait photographier derrière des Japonais. Bien sûr les Français ne sont pas en reste avec leur mauvaise humeur, leur béret (j'ai rencontré une fois un Français avec un béret), leur baguette sous le bras, leurs chauffeurs de taxi impatients et leurs serveurs arrogants. Je connais des Japonais qui ne passent pas leur temps à faire des courbettes ni à photographier des monuments. Et je connais aussi des Canadiens angoissés. Le problème c'est que si des pays aussi puissants, grands émetteurs eux-mêmes de clichés, n'arrivent pas à se débarrasser des clichés que l'on fait courir à leur sujet, comment feront les citoyens du Tiers-Monde qui ne disposent pas de ces moyens technologiques qui leur permettent de mieux se faire connaître aux autres? Par leur cinéma, leur littérature et leur musique ils finissent par exposer au reste du monde leur mode de vie. Nous savons aujourd'hui comment aiment, mangent, boivent, dorment un Américain ou un Français. Alors que nous ignorons tout d'un Haïtien ou d'un Sénégalais. Ces derniers n'ont jamais eu la moindre possibilité d'exposer au monde au moins leur point de vue. Malgré tout, les clichés semblent continuer à circuler assez librement comme s'ils étaient des électrons libres. Pourquoi cela? J'ai l'impression que le cerveau a besoin d'un minimum de bêtises pour vivre. Il ne peut pas être totalement domestiqué. Il a besoin de dire parfois ce qu'il ressent plutôt que ce qu'il sait.

## ✺ MES PREMIÈRES ANNÉES EN HAÏTI

LE CAS D'HAÏTI EST ATTIRANT. Très peu de gens semblent y avoir été ces dernières années, à cause d'une situation inflammable, mais tout le monde semble avoir son analyse là-dessus. Comment peut-on analyser ce qu'on ne connaît pas ? Quand on leur fait remarquer que c'est difficile de se faire véritablement une idée sans y avoir mis les pieds, ils vous regardent étonnés comme si on venait d'inventer une nouvelle règle dans le simple but de les censurer. Est ce que c'est parce que j'ignore quelque chose que je n'ai pas le droit d'en parler ? Surtout s'il s'agit de ces pays du Tiers-Monde qui vivent de notre aide. Ces pays sont si démunis que leur histoire doit être simple. Je n'ai jamais rencontré personne en Occident qui n'ait pas une solution pour Haïti. En général, cela se résume par la démocratie qui élimine la dictature et donne du travail. Pour eux la situation d'aujourd'hui, comme celle d'hier, n'est possible qu'à cause de la misère — comme la superstition (le vaudou) n'est due qu'au manque d'électricité. Nourriture, électricité, travail, et il n'y a plus de problème. On voudrait répondre : vous avez tout cela et pourtant vous avez encore des problèmes. Peut-être que la vie en société est en elle-même une source de problèmes.

Que voit-on quand on regarde Haïti? D'abord on le fait toujours de loin. Et les informations que nous transmettent les médias ne sont pas toujours fiables. Pas par malhonnêteté. Les journalistes n'analysent pas ce genre de pays par rapport à ce qui se déroule sous leurs yeux, mais en fonction de l'idée qu'ils se sont faits bien avant le voyage. Pour eux, ce sont des fous furieux qui ne pensent qu'à s'entretuer, alors qu'il s'agit de luttes politiques pas différentes de celles menées en Occident. Bien sûr, quand le chômage et la misère atteignent de telles proportions on n'arrive pas à garder toujours son sang-froid. D'où ce sang, ce feu. Et cette terreur que les gouvernements font régner. C'est un terrible face-à-face entre les possédants et les affamés. C'est politique. Il n'y a rien de fou là-dedans. C'est au fond le même projet de société qu'ailleurs qui se fracasse contre des récifs plus coupants — les problèmes étant plus aigus. Ce qui se passe c'est une lutte pour changer l'ordre des choses, et rien de moins. Le voir autrement, c'est infantiliser une situation effrayante et complexe.

Haïti, cette république qui a connu 32 coups d'état en deux cents ans d'existence. On parle d'instabilité constante, ce qui est un fait. Mais cela peut vouloir dire aussi que les gens ont essayé trente-deux fois d'installer un certain ordre que les nantis ont, à chaque fois, détruit. Sinon, c'était une forme de stabilité qui nous menaçait, celle d'un pouvoir absolu et éternel, comme ce fut le cas de l'Europe monarchique. Les familles royales ont installé durant des siècles un pouvoir de droit divin qu'ils se passaient de père en fils. Pour la France, ce fut jusqu'à l'éclatement de 1789, date à laquelle le peuple français a voulu avoir une nouvelle forme de gouvernement. Notre analyse, je l'ai dit, dépend de l'endroit où l'on se tient pour regarder les choses. Du point de vue du coup d'état ou de celui de la résistance. Il n'y aurait pas de terreur s'il n'y avait pas de résistance. Mais on voit plutôt la sauvagerie d'un petit groupe qui défend ses intérêts au lieu de voir la folle résistance de ces fourmis qui reconstruisent inlassablement. Ma position d'écrivain, c'est de faire entendre la voix de ces anonymes désarmés qui se retrouvent face à une élite économique toujours assoiffée de sang, d'argent et de pouvoir. Mais comment parler de tout ça dans un roman sans l'alourdir ? C'est ce que je me dis chaque matin en entrant dans la petite chambre où je travaille. J'y arrive en plongeant dans la vie quotidienne qui, tel un fleuve, emporte tout sur son passage : les drames personnels comme les événements historiques. Il suffit de suivre la vie (sans protection) d'un individu ordinaire pour que se déroule une époque sous nos yeux. De plus, j'ai pour principe de ne jamais céder le premier plan au dictateur. Mon but c'est d'exposer dans ses multiples facettes, la vie des gens dont la dictature empêche l'épanouissement. Cet aspect moral tisse en filigrane la trame de mes romans.

*Les lieux*
Je suis né à Port-au-Prince où j'ai vécu jusqu'à l'âge de quatre ans. Duvalier est arrivé au pouvoir en 1957. Quelque temps après, mon père a dû prendre l'exil. La situation s'étant corsée dans la capitale, ma mère a jugé plus prudent de m'envoyer chez ma grand-mère, à Petit-Goâve. Duvalier n'hésitait pas à s'attaquer à la famille de ceux qui s'opposaient à lui. Ma mère a eu peur qu'on s'empare de moi pour exiger le retour de mon père. Alors un midi, on m'a mis dans un camion pour m'expédier à Petit-Goâve comme un colis. Je me souviens du regard de ma mère qui tentait de retenir ses larmes. J'étais assis dans la cabine (ce qui a dû couter plus cher à ma mère) près du chauffeur. Je me souviens de la route interminable, du terrible morne Tapion, des dangereuses falaises et de l'arrivée de nuit à Petit-Goâve. Le chauffeur m'a remis à ma grand-mère qui l'a remercié en lui servant une tasse de café. C'est plus de quarante plus tard que j'ai compris que c'était mon premier exil.

Je ne passais pas des mains de ma mère à celles de ma grand-mère, je fuyais la colère du dictateur qui, pour se venger du père, n'hésiterait pas à s'en prendre au fils.

Me voilà à Petit-Goâve, petite ville du sud d'Haïti, coincée entre les montagnes et la mer. C'est là que j'ai retrouvé ma grand-mère à la suite de l'exil de mon père. Une vie si bien protégée que je n'ai eu conscience que tardivement de la dictature. Je peux dire aujourd'hui, quand je vois combien cette dictature a empoisonné la vie en Haïti dans les années 60, surtout que ce fut la chance de ma vie. Cette présence apaisante de ma grand-mère. Baldwin raconte une histoire semblable avec le racisme. Il a vu sa mère tenter d'extirper patiemment du corps de son frère le venin du racisme. Le racisme ressemble à la dictature, ça peut vous brûler jusqu'à l'os. Et la première brûlure est toujours la plus douloureuse. Et elle atteint à une époque où vous êtes particulièrement vulnérable. Je connais beaucoup d'amis qui ont assisté à des scènes dans leur enfance qui les ont marqués à jamais. L'un d'eux a vu des tontons-macoute gifler son père. Si je vivais dans un relatif confort, je circulais dans un périmètre protégé. Mes tantes pleines de fantaisie m'avaient inventé un univers magique. Comme elles savaient coudre, elles me faisaient de petits costumes selon leur couleur préférée. Certaines d'entre elles étaient si lunatiques qu'elles oubliaient de m'enlever les aiguilles. Il m'arrivait de hurler tout à coup en pleine classe. Je me souviens d'un costume jaune. Je portais des nœuds aussi. Mon grand-père a dû protester pour qu'elles comprennent que j'étais un enfant et non une poupée. Un garçon surtout pour mon grand-père qui n'a eu que des filles. Lui qui rêvait des fils capables de négocier la vente du café avec des paysans si vifs avec leur machette. Et voilà que ses filles étaient en train de faire une fillette de son petit-fils. Mes tantes ont été freinées dans leur élan. C'était des artistes, à leur manière, et j'étais la preuve vivante de leur talent. J'aimais les regarder bouger, si pleines de vie. Elles m'ont apporté cette insouciance qui m'a toujours retenu au bord du précipice. Je les revois encore se préparant pour aller danser. Une frénésie que j'ai toujours tenté d'injecter dans ma phrase.

Si elles étaient les branches feuillues que la moindre chose faisait chanter, le tronc c'était ma grand-mère. Elle représentait pour moi la stabilité. D'abord parce qu'elle ne bougeait pas. Toujours assise, du matin au soir, dans le même coin droit de la galerie. Avec à ses pieds une cafetière. C'était sa bouée de sauvetage. À l'époque je lisais les histoires enchantées, surtout celles des *Mille et une nuits*. Et je confondais la cafetière de ma grand-mère avec la lampe d'Aladin. Cette étrange boisson avec un parfum si fort qu'elle buvait constamment m'a longtemps intrigué. Mais ma grand-mère usait de tous les prétextes pour m'empêcher d'y goûter. Son argument principal c'est que je n'allais pas aimer ça. Je l'observais en train de déguster, c'est bien le mot, son café. C'est une cérémonie en plusieurs étapes. Elle va d'abord préparer le café — du café neuf comme elle dit. L'enfer serait de l'obliger à boire du café froid ou un succédané comme la chicorée. Elle revient plus tard avec sa cafetière. Elle s'assoit, puis se verse dans sa tasse personnelle — une tasse bleue- du café brûlant. Elle en offre aussi aux passants qui s'arrêtent pour faire un brin de causette avec elle. Les gens lui confient leurs secrets. Ma grand-mère les laisse parler; elle intervient rarement. À la regarder, j'apprends à écouter et à observer. D'autant plus que j'étais invisible. Personne ne prêtait attention à moi. J'étais toujours couché à plat ventre sur la galerie de briques à observer les fourmis pour pouvoir faire des comparaisons avec la vie des hommes en société. Pour ma grand-mère tout se résume au fait de pouvoir offrir une tasse de café au premier venu.

*Les fourmis et la pluie*
Je dirais que l'observation des fourmis est le début de mon apprentissage. Un peu comme faire des gammes pour un jeune pianiste. J'ai analysé la population : les différentes sortes de fourmis. Les fourmis rouges, les fourmis noires et les fourmis ailées. Le rapport entre elles. Les méthodes de chasse. Cette manière de ramasser tout ce qui traîne par terre. D'abord les mies de pain, ensuite les bestioles blessées. Elles se mettent à

plusieurs pour les ramener au fond de la fourmilière. Et aussi leur sens de la solidarité. Dès qu'un soldat tombe, les brancardiers accourent et le ramènent à l'écart. Par contre, elles foncent sur le papillon, et l'instant d'après il est couvert de fourmis. C'est un univers prenant qui a occupé mon enfance. Pendant longtemps je n'ai pas levé la tête vers le monde adulte, les fourmis me suffisaient. Puis la pluie m'a intéressé. D'abord la musique. On pouvait l'entendre venir. C'est un bruit sourd. L'air devient plus frais brusquement. Et Da [ma grand-mère] dit calmement (c'est la seule personne de ma connaissance qui n'a pas peur de la pluie) : «C'est une grosse pluie qui arrive. Les chiens boiront par le nez». Et elle commence à rentrer la chaise, le petit banc et sa cafetière. Elle me permet de rester s'il n'y a pas d'orage car elle sait que j'aime la pluie. J'aime son crépitement. Une mitraille. Et les gens se mettent à courir comme des fourmis folles. Il n'y a aucune différence alors entre le monde des fourmis et celui des humains. Ils vont parer la pluie, en face, sur la galerie. Ils se serrent les uns contre les autres comme s'ils faisaient tous un cauchemar. Je me serre ainsi contre ma grand-mère quand je rêve de diables. Alors l'odeur de la terre monte. J'aime humer cette odeur. On a envie de la manger. Les gens commencent à se parler. Ils ont l'air plutôt heureux, comme s'ils venaient de comprendre qu'ils ne couraient finalement aucun danger. L'intensité de la pluie baisse. Puis, elle s'arrête. La pluie tropicale a ceci de particulier qu'elle est forte et brève. Mais si on l'affronte, ça ne prend pas trois secondes pour que vous soyez trempés. Il y a toujours un petit groupe de garçons qui en profite pour se baigner sous la pluie. Ils gardent leur pantalon, mais ne portent pas de chemise. Les plus petits vont nus. Ils dansent sous la pluie, courent partout en hurlant. J'aurais tellement aimé participé à ces jeux, mais Da refuse. Elle prétend que j'ai les poumons trop fragiles. Je ne peux que rester sur la galerie pour regarder la pluie tomber. Des années plus tard, j'ai compris que c'est ce poste d'observation qui a enrichi mon imaginaire. Mon enfance se cache beaucoup plus dans ma mémoire que dans mon corps. Sauf la sieste qu'on a fait entrer dans mon corps.

*La sieste*
Il faut remonter à la haute enfance quand le temps n'était pas encore morcelé en jours, à l'époque où hier semblait si lointain et demain impossible à atteindre, pour retrouver la première manifestation de la sieste. La sieste, cet élan interrompu du corps en plein midi permettant de retrouver l'énergie primitive de l'aube. Je me souviens de ce temps où ma mère, affolée, me cherchait un peu partout dans la maison. Je m'étais réfugié dans un placard ou sous le lit, dans les endroits les plus improbables, pour dormir. Ma mère racontait que je tournais comme un derviche avant d'être emporté par

le sommeil. Le sommeil de midi, si différent de celui de minuit. C'est un sommeil sans cauchemar où l'on a l'impression de tomber comme une pierre au fond d'une rivière froide. Mon corps me picotait partout juste avant d'être cerné par cette grande fraîcheur. Ma mère racontait que je souriais constamment durant la sieste. Mon enfance fut une longue sieste protégée par des rires insouciants et des chants lointains.

Plus tard, au retour de l'école, je trouvais toujours des mangues dans une cuvette blanche pleine d'eau fraîche que je me dépêchais de déguster. Je me lavais ensuite le visage, les bras et le torse avant de me glisser sous un drap blanc dans la pénombre d'une chambre aux fenêtres fermées. Et là j'attendais le sommeil. Ce sommeil qui se trouve être le prolongement d'une rêverie de faible intensité. Rien d'aussi profond que le sommeil de la nuit. La sieste effleure à peine la surface du jour. C'est un sommeil qui court sur la peau, tandis que l'esprit, lui, continue à errer dans des lieux pleins de farfadets et de dieux farceurs jusqu'à ce qu'une main légère vienne me ramener à la réalité. L'impression de revenir d'un bref séjour dans ces contrées situées entre ciel et terre, avec la sérénité du voyageur qui sait qu'il pourra y retourner à nouveau.

Je ne sais plus quand j'ai arrêté de faire la sieste. Peut-être vers la fin de cette si longue enfance, vers 19 ans, au moment d'entrer dans l'agitation sociale d'un pays survolté. Il est difficile d'apaiser celui qui chevauche ce poulain rétif qu'est la politique. D'où l'absence d'imagination des gens agités par une pareille obsession. C'est le résultat de la disparition de la sieste dans leur vie. Quand l'esprit ne se repose pas, il s'énerve et produit une certaine forme de violence verbale mais surtout de la bêtise. C'est à ce moment-là qu'on se prend pour un grand stratège ou un séducteur de foule. La sieste nous ramène à l'intimité de notre être en neutralisant le goût du pouvoir improductif. La sieste c'est un trésor qu'on ne peut voir qu'en fermant les yeux. Qu'on ne possède qu'en s'abandonnant au jour qui se fait nuit.

Aujourd'hui, dans ce monde si agité où sa présence serait tant précieuse, la sieste a presque disparu. Il n'y a plus qu'à la garderie qu'on la pratique, alors qu'elle devrait être obligatoire à l'Assemblée nationale où, j'imagine, elle aurait pu humaniser nos lois par sa fantaisie. Mais comme on le sait, la fantaisie est bannie de notre culture et c'est la faute à Disney qui l'a refoulée vers les territoires de l'enfance, une enfance que ce même Disney s'est empressé de commercialiser. Et l'absence de fantaisie nous fait vivre dans un univers qui accorde tant d'importance à l'idéologie, cette mise au pas de la vie. Sans la sieste, la réalité ne s'arrête pas, et la vie fonctionne comme une usine.

Évidemment, c'était le but. Faire de l'homme une machine qui n'a pas besoin de repos. Un autre homme remplace celui dont l'énergie vient de s'épuiser. Ainsi la révolution industrielle a subtilisé la sieste de la vie quotidienne du pauvre. On ne le verra plus couché dans les foins, les pieds nus, le visage tourné vers le vaste ciel de midi s'adonnant à la sieste. Et nous savons qu'aucune culture ne survivra à la disparition de ce moment de pure gratuité. Car c'est la grâce du jour.

*La lecture*
La première fois que j'ai vu un lecteur, ce fut à Petit-Goâve. Ma grand-mère avait l'habitude le dimanche après-midi de faire une courte promenade dans notre quartier. Je l'accompagnais toujours. En remontant la rue Desvignes on a vu sur sa galerie le notaire Loné, bien installé devant une table couverte de livres. Le notaire les parcourait. Il semblait très concentré. Ma grand-mère m'a chuchoté, en passant près de lui : «C'est un lecteur». Je ne lui ai pas demandé ce que cela voulait dire. Cela me semblait si mystérieux. On aurait dit une messe. J'avais l'impression d'être dans une église tant le silence autour de lui était absolu. Les gens n'osaient le déranger. Même la petite servante s'approchait sur la pointe des pieds pour lui apporter le café. Elle le déposait au bord de la table. C'était, à coup sûr, une occupation qui suscitait le respect. Des années plus tard, j'ai pu voir naître chez quelqu'un le goût de la lecture. C'est un moment de grande intensité émotionnelle. Depuis quelque temps, elle refusait que sa

mère lui fasse la lecture. Elle allait partout avec son livre. Puis un soir, je l'entendis hurler de sa chambre : «Je sais lire!» Un étonnant cri de victoire. Le mot avait enfin livré son secret. C'était un moment très émouvant. La naissance d'une des plus vieilles habitudes chez les humains. Un art qui nous a sauvés de l'ennui au fil du temps.

Sur le chemin de cette conquête ma fille m'avait déjà appris quelque chose de fondamental : la lecture à répétition. J'observais sa technique. Comme tous les enfants du monde, elle exigeait la même histoire chaque soir pendant des semaines. Jusqu'à épuisement. Tandis que les adultes ne lisent pas plus que deux fois un livre. L'enfant est donc un lecteur complètement différent que l'adulte. C'est un redoutable lecteur chamanique. J'ai finalement compris que la manière de lire (ou de se faire raconter une histoire) d'un enfant n'est pas différente de celle de l'écriture. L'enfant lit comme un adulte écrit. Patiemment. En revenant constamment sur ses traces. Il ne cherche pas à comprendre mais à faire passer l'histoire dans son sang. Est-ce pourquoi ces premières lectures sont si décisives? Cela forme son goût. J'espère encore aujourd'hui pouvoir écrire un livre qui pourrait tenir tête à un lecteur si coriace.

Je passe de mon enfance à celle de ma fille. En fait, on connaît deux enfances au moins. La première, la nôtre, qu'on a vécue mais qu'on n'a pas pu observer. Et la deuxième, celle de notre enfant, qu'on peut observer. C'est comme une seconde chance. Pour un écrivain, c'est riche en leçons. Je me souviens de cette promenade avec ma fille, un matin. Il faisait beau et elle chantonnait. On se tenait par la main parce qu'elle avait peur des chiens du voisinage. On se dirigeait vers le petit lac quand brusquement elle me lâcha la main pour plonger sur une fleur. Une énergie barbare. Rien ne pouvait l'arrêter. C'était spectaculaire. Je me suis dit que c'était sûrement cela la poésie. Une force d'attraction irrésistible. On ne peut rien écrire de bon sans un pareil appétit. Breton y a pensé quand il parle de son refus d'être un écrivain professionnel. Il ne faut jamais écrire par habitude. Toujours dans le désir. Comme ma fille se jetant sur la fleur pour la cueillir. L'acte est à la fois poétique et primitif. Aucune morale. C'est beau, alors elle le prend. J'ai remarqué aussi cette façon d'être dans le présent. C'est très rare qu'on touche au présent qui nous laisse toujours derrière — dans le passé. Cet acte fut si vif qu'il n'a pas pu être pensé.

Quand je pense au notaire, ce lecteur si majestueux qu'on le dirait antique. On dirait Horace lisant. Je me dis qu'on a perdu quelque chose en chemin : la dignité du lecteur. Comme écrivain je participe à des lectures publiques. Et le sentiment que j'ai c'est qu'il n'y a presque plus de lecteur pur et dur. Des lecteurs qui se contentent de lire. Beaucoup d'entre eux sont des écrivains ratés. Ils sont ratés parce qu'ils ignorent qu'ils sont des lecteurs réussis. Ils veulent écrire au lieu de lire. Et cela depuis que l'écrivain occupe une place enviable dans la société. En réalité l'écrivain n'est qu'un cuisinier qui prépare les plats. Et le lecteur, l'invité d'honneur à ce repas. L'écrivain ne pourra améliorer son travail tant que le lecteur se sentira inférieur à lui.

J'ai écrit deux romans sur mon enfance : *L'odeur du café* et *Le charme des après-midi sans fin*. Et l'image fondatrice de mon enfance c'est l'immobilité. On passait des journées entières sans quitter la galerie. Ma grand-mère parce que c'était son espace. Elle sortait rarement. À son âge, disait-elle, c'était aux gens de lui rendre visite. Il y avait toujours du monde autour d'elle. Ils ne restaient pas longtemps : le temps d'une tasse de café. Ma grand-mère était au courant, sans quitter la galerie, de tout ce qui tramait dans la ville. Comme elle n'a jamais trahi un secret, on lui racontait. J'écoutais d'une oreille tout en continuant à m'intéresser aux fourmis. D'où ce sens du détail chez moi. Les récits étaient puissants d'autant plus qu'ils étaient chuchotés. Ils venaient du plus profond des gens. Parfois c'était des secrets dont ils n'étaient pas fiers. C'est ainsi que j'ai compris la force du secret. Le noyau d'un mystère. Si tu veux capter l'attention des gens, enfouis un secret au cœur de ton récit. Mais moi si j'étais souvent sur la galerie, c'est simplement à cause de ma santé fragile. J'étais un enfant souvent fiévreux. Le docteur, au cours de sa promenade, s'arrêtait à notre galerie. Da lui offrait du café, et lui, pour remercier, m'examinait pour voir «l'état de la situation». La fièvre était toujours plus forte, je remarque, quand le docteur était là. Et il décrétait que je devrais garder le lit. Da obtint toujours que je puisse rester sur la galerie. Je commence à croire aujourd'hui que ce n'était que du théâtre. Si ça se trouve je n'étais même pas malade. En réalité, Da avait toujours peur qu'il m'arrive quelque chose.

«Et les autres garçons»?

«Leur mères peuvent les autoriser», répondit-elle, «Mais moi que pourrai-je dire à ta mère s'il t'arrive quelque chose»?

«Mais tu es sa mère, elle ne pourra rien te dire».

Da rit. «Dans un pareil cas, elle est plus ta mère que je ne suis sa mère».

Je suis condamné à rester sur la galerie. Aujourd'hui c'est grâce à cette distance que je peux revoir à volonté mon enfance. Une enfance rêveuse. Donc ma grand-mère et moi, on était toujours à la même place. On faisait partie des éléments fixes de la ville, comme l'église, le port et les casernes. Thérèse dit que quand elle sort de chez elle et ne nous voit pas, elle pense tout de suite qu'un malheur est arrivé. Je crois aussi, aujourd'hui, que Da était le centre secret de Petit-Goâve. Un jour ce malheur est arrivé. En raison de certains événements politiques survenus à Port-au-Prince (des opposants vivant à l'étranger avaient débarqué sur les côtes d'Haïti dans le but de renverser la dictature de Duvalier), le préfet de Petit-Goâve a mis sous arrêt tous les hommes importants de la ville. Da, sentant que je pourrais être en danger, et cela malgré mon jeune âge (je suis le fils d'un opposant notoire du régime actuellement en exil), décida de m'envoyer à Port-au-Prince retrouver ma mère.

*Port-au-Prince*
J'ai donc quitté à jamais l'espace idyllique de Petit-Goâve pour une ville qui m'a toujours effrayé. Je suis un homme de province habitué à embrasser sa ville d'un seul coup d'œil panoramique. Je connaissais chaque maison de Petit-Goâve. Et ma famille était liée avec presque tout le monde. Et là, c'était le contraire. Port-au-Prince est trop vaste, trop bruyant, trop agressif. Si Petit-Goâve sentait l'ylang-ylang, Port-au-Prince sentait plutôt la gazoline. Si Petit-Goâve était calme, Port-au-Prince était survolté, électrique. C'était un nouveau rythme. Je découvrais que les gens vivaient dans des rythmes différents. Un mois plus tard, l'énergie de Port-au-Prince commençait déjà à me pénétrer. Et, à mon grand étonnement, j'aimais ce nouveau rythme. Je remarque que je suis plus proche du rythme que du son. Je n'entends pas bien la musique, mais je sens les vibrations. Et mon écriture est tout en rythme. Et il y a en moi, toujours présents, ces deux rythmes : celui de Petit-Goâve alternant avec celui de Port-au-Prince. Ce qui désarçonne parfois les critiques. Des sphères de tendresse alternant

constamment avec des sphères de violence. Certains préfèrent l'urbain en moi; d'autres, le villageois. Mais ces mondes sont parfaitement digérés chez moi, puisque cela remonte à mon enfance et à mon adolescence.

À Port-au-Prince, je vivais avec ma mère qui trouvait que trois messes par jour ne suffisaient pas. Il n'y a rien de pire qu'un enfant triste avec une mère pieuse. Ma mère m'interdisait de regarder les filles, les trouvant toutes trop délurées pour moi. Même celles dont les mères étaient aussi pieuses qu'elle. Ces jeunes adolescentes aux seins durs voulaient m'entraîner en enfer avec elles. L'enfer m'intéressait plus que le paradis. Si le paradis c'était comme ma mère l'invoquait — des anges chantant sans répit la gloire de Dieu — ça ne me disait rien. Tout ce que ma mère identifiait comme étant l'enfer n'était que la description précise de mes phantasmes les plus secrets. Peut-être des siens aussi. Sinon elle ne pouvait pas tomber si juste. En fait, l'enfer n'était pas loin juste de l'autre côté de la rue. Des filles rieuses pour qui la vie n'était qu'une fête perpétuelle. Elles représentaient pour moi la modernité. La vie extérieure que j'ignorais parfaitement. J'étais caserné dans ma petite chambre, à l'étage. J'avais une vue plongeante sur la cour où évoluaient ces filles. Je rêvais d'être de l'autre côté avec elles. Cette distance qui nous séparait me semblait infranchissable. Pour la combler, il fallait un événement capital. Que je sorte de l'adolescence.

Et de la constante protection de ma mère. En fait, ma condition n'a pas vraiment changé. Je suis passé de la galerie de Petit-Goâve à cette petite chambre. Le décor est sobre : une table pour faire mes devoirs. Une cuvette d'eau pour ma première toilette du matin. Un petit lit en fer. Et la fenêtre qui donne sur la rue — et de l'autre côté de la rue sur la maison des jeunes filles en fleur. Je ne me mets pas trop en évidence pour les observer. J'ai toujours eu l'impression qu'elles savaient quand j'étais là. Les rires semblaient plus aigus et les jeux plus agressifs. Même si elles ne s'étaient pas vraiment intéressées à moi, c'est aussi un fait que le comportement des gens change quand ils ont l'impression d'être observés. Est-ce pourquoi les gens sont toujours intrigués par le métier d'écrivain? Ils se demandent ce que l'écrivain va retenir d'eux. Pour eux l'écrivain est capable de voir ce qu'ils tentent désespérément de cacher. Ce pouvoir est souvent donné au canard boiteux du groupe. Celui qui se tient en retrait. C'est souvent celui qui n'est pas trop impliqué dans cette vie quotidienne qui en devient le témoin. Il n'a pas le talent de vivre de certains, il observe et retient. Il est de l'autre côté de la frontière qui sépare le monde actif du monde passif. On ne fait pas attention à lui. Il note dans sa tête des instants qu'il tentera de faire vivre à des gens qui, comme lui, vivent par procuration. Les écrivains et les lecteurs se barbouillent de fiction. Ce sont des contemplatifs. L'homme d'action ne comprend pas ce monde de symboles. Il y a quelque chose de magique dans cette possibilité. Pour eux la littérature ne fait que reproduire la réalité. Cela nous arrive de trouver la bonne réplique avec un certain retard. On aimerait retrouver l'impertinent en face de nous afin de lui river le clou. Si dans la vie c'est impossible, c'est le propre même de la littérature d'intervenir dans le déroulement de la vie. Il ne faut voir dans l'artiste un banal admirateur de Dieu, mais plutôt son rival. À force de manipuler la réalité, on finira, espère-t-on, par la changer. Et par toucher à un élément fondamental de la vie : le temps. Le temps structure notre vie. Et il est linéaire : de la naissance à la mort. Une ligne droite. D'où notre réticence parfois à avancer. Mais le poète refuse le temps linéaire. Il ne le voit tout simplement pas ainsi. Le temps est plus borgésien, alors labyrinthique. On peut s'y perdre.

*La jungle sociale*
Port-au-Prince est une immense chaudière où mijotent tous les problèmes sociaux. La question des classes sociales d'abord. L'écart entre les riches et les pauvres est un fossé infranchissable. La question de la race qui est à la base du populisme politique. La négritude, qui était un combat légitime dans les années 30 jusqu'au début des années 60, est devenue une sorte de bouclier qui sert à protéger Duvalier. Duvalier va jusqu'à dire qu'il vaut mieux un dictateur noir qu'un colon blanc. La

politique elle-même, dont l'objectif n'est pas le bien-être collectif comme les gouvernements successifs n'arrêtent pas de le claironner, mais une façon comme une autre de s'enrichir. Tout en plaçant des membres de sa famille ou ses alliés dans les endroits stratégiques du pouvoir. Corruption généralisée. Et aussi, toute cette faune culturelle (peintres, romanciers, poètes, musiciens) qui tente de faire bouger la société par des actions d'éclat. Et cela malgré le caractère ombrageux d'un Papa Doc dont on disait, à l'époque, qu'il était un Ubu des Caraïbes, ce personnage qui fonctionne en dehors de toute logique. C'est dans une telle atmosphère que je suis devenu journaliste. Il faut imaginer ma mère qui me protégeait jusque là des filles. Elle avait d'autres adversaires autrement plus coriaces : les tontons-macoute de Duvalier. Étonnamment, elle ne m'a jamais dissuadé de faire ce métier hautement explosif. Elle se contentait de prier pour moi. Je sillonnais le pays à l'époque, allant faire des reportages un peu partout. Je rentrais tard le soir. Mes camarades et moi, on était à toutes les premières. On intervenait dans tous les débats publics. On demandait des comptes régulièrement à un pouvoir ténébreux, peu habitué à répondre à des journalistes. De plus des journalistes de 19 ans. Des gamins pour ainsi dire. La population, au début n'y croyait pas. On pensait que cette presse frondeuse n'était qu'une des dernières créations d'un pouvoir qui dérivait de plus en plus dans l'imaginaire. Ils n'ont compris qu'on ne travaillait pas pour le gouvernement qu'à la mort de mon ami Gasner Raymond, le premier juin, à Braches, à Léogâne. Je me souviens des funérailles de mon ami, un après-midi d'été 1976. On était tous là, entre 20 et 23 ans. À 23 ans j'étais, avec l'éditeur du journal, le plus ancien. Le pays découvrait brusquement une nouvelle génération qui voulait poser différemment le problème social. Les lecteurs du magazine étaient étonnés de nous trouver si jeunes. Ils se sentaient coupables aussi de nous avoir laissés seuls sur le front. Cet assassinat sonnait la fin du régime des Duvalier. Bien sûr, le régime allait durer dix ans de plus, mais le sang de ce jeune journaliste l'avait souillé. Jean-Claude Duvalier ne pouvait plus faire croire au reste du monde qu'il n'était pas le continuateur du régime de Papa Doc. Un discours en public ouvert mais tolérant et des prisons gorgées d'opposants comme du temps du père. Je me souviens des funérailles. Un petit groupe de téméraires accompagnait le cercueil tandis que les gens suivaient de loin la longue marche qui menait vers le cimetière. Ma mère était là. Son visage grave. Elle se tient droit dans les moments exceptionnels où son courage est requis. Elle ne m'a pas regardé un seul instant. Pensait-elle à son mari en exil? Pour une rare fois, je n'avais pas l'impression d'être un enfant surprotégé. Pour elle ce jour-là, j'étais comme mes camarades : un journaliste qui avait affronté le régime de Duvalier. Les tontons-macoute nous accompagnaient discrètement, mais on voyait qu'ils n'attendaient qu'un ordre pour nous sauter à la gorge. C'était très dangereux. Le régime avait peur que ces funérailles ne déclenchent une révolte populaire que le gouvernement n'était pas à même, à ce moment-là, de maîtriser. Des manifestations en chaîne. Nous étions la boîte d'allumette. Les gens ne cessaient de nous poser des questions sur le parcours. Qui d'après nous avait tué Gasner Raymond? N'avez-vous pas peur? Sauf ma mère. On n'a plus jamais parlé de Gasner qu'elle aimait beaucoup. On déjeunait ensemble le matin. Des discussions sans fin à propos de style — il en était obsédé. La moindre erreur du typographe dans son texte le mettait hors de lui. Ce qui faisait sourire ma mère qui le trouvait trop survolté. Son moteur fonctionnait par explosion. Cet événement, la mort de Gasner, fut déterminante dans ma vie. J'ai quitté Haïti pour me retrouver à Montréal.

## MONTRÉAL

C'EST UN CHANGEMENT RADICAL. Du jour au lendemain j'étais journaliste, je suis devenu ouvrier. Je vivais protégé par une nuée de femmes (ma grand-mère, ma mère et mes tantes), je dors maintenant seul dans une chambre étroite. Heureusement que j'ai tout de suite compris qu'il y avait des avantages à tirer d'une pareille situation. Tout d'abord — ne pas se plaindre, car beaucoup de gens à Port-au-Prince voudraient être dans ma situation. Je ne vis plus dans cette inquiétude perpétuelle générée par la situation politique d'Haïti. Ensuite, je venais de découvrir un fait capital : mon enfance venait de prendre fin à 23 ans. Une enfance interminable. Ma vie dépendait entièrement de moi.

*L'arrivée sur le continent*
En vivant à Montréal, j'ai découvert un élément dont il m'aurait été difficile de soupçonner l'existence à Port-au-Prince : l'américanité. Le sentiment qu'on est sur un continent avec son histoire, sa flore, sa faune. Ce que les Européens ont appelé le Nouveau-Monde. Et j'ai découvert en même temps que j'étais un insulaire. L'insulaire est à l'opposé du continental. Il me fallait laisser un moment de coté les notions qui m'habitaient auparavant — celles de la dictature et de la négritude — pour plonger dans l'américanité. D'abord dire que l'Amérique — le continent, pas les États-Unis qui se sont accaparés du titre, est fondé sur le génocide indien. Suivi de l'expérience de l'esclavage. Il y avait là, d'après l'Europe un espace libre et des hommes qu'il fallait mettre au travail. Les Indiens ne suffisant pas, on allait piller l'Afrique de ses ressources humaines. Ce trafic humain a duré au moins trois siècles. Une bonne partie de l'Europe y a fait fortune : la France, l'Angleterre, le Portugal, l'Espagne, la Hollande, etc. Le racisme américain découle directement de l'esclavage. Des gens qui ont travaillé pour nous comme des bêtes de somme ne pourront jamais être nos égaux. Pour les coloniser, on a dû leur faire croire qu'ils étaient des êtres inférieurs. Une bonne partie de l'Europe a participé à cette opération de déshumanisation : les intellectuels, les scientifiques, les

religieux et l'armée. Tous les corps sociaux indistinctement. De petits groupes d'antiesclavagistes européens ont tenté, ça et là, de résister, mais comment faire face au prêtre, au savant, au philosophe, tous ces gens dont l'influence sur l'opinion publique est déterminante? Et puis aussi ces terres et ces peuples conquis ont permis de renflouer les caisses de l'État. De gagner des guerres. Le peuple était tout content de savoir qu'on avait des esclaves, comme les riches se vantent de leurs nombreux domestiques. Une nation était forte suivant le nombre de colonies qu'elle possédait. Ces esclaves n'étaient pas des sous-humains, et surtout n'avaient pas été esclaves toute leur vie. Je dis cela parce que l'idée profonde était de faire croire à l'esclave que sa situation était normale. Que c'était l'ordre des choses. Il faisait partie des races inférieures qui devaient se soumettre à la race supérieure. Près de cinq siècles plus tard, Hitler essayera le même argument sur l'Europe, et provoquera, avec raison, un scandale. L'horreur. Mais l'esclavage n'était pas différent du projet hitlérien. La même source : une race supérieure qui avait droit de vie et de mort sur les autres.

Là où il y a des humains, il y a du mouvement. Déjà dans la composition de la société [américaine]. Des gens venant de partout en Europe et de toutes conditions sociales. Des aristocrates comme des prostituées et des voleurs. Des protestants comme des catholiques. De l'Afrique est venue une plus grande variété encore.

Des langues, des manières, des religions et des classes sociales différentes. Dans certaines régions, tout cela s'est fondu dans une culture unique. Le créole est beaucoup plus une culture qu'une langue. Cette culture a sa gastronomie, ses croyances, ses variétés de créoles, ses jeux, ses rêves. Étrangement, de cette situation horrible nous est née une nouvelle culture. C'est peut-être une des rares fois que l'homme a bougé autant sur la planète. L'Europe et l'Afrique se sont déplacées vers l'Amérique. La vie d'avant leur arrivée sur le continent a changé de fond en comble.

Les résistances ont commencé. Les guerres d'indépendance. Les États-Unis contre l'Angleterre. Haïti contre la France. Bolivar et ses troupes contre l'Espagne. Des guerres en Europe ont occupé ces puissances dominatrices (l'Angleterre, la France, l'Espagne) facilitant les choses pour ces peuples en Amérique.

*L'Américanité — une interview*
Je suis arrivé sur le continent par la porte de Montréal durant l'été 1976. C'était les jeux olympiques de Montréal. La ville scintillait. Il y avait une effervescence qui impressionnait le jeune homme de 23 ans qui quittait pour la première fois son pays. Un pays dont aucune lueur, à l'époque, n'indiquait une sortie possible des ténèbres duvaliériens.

Dernièrement, un étudiant a voulu tester mon degré d'américanité. J'ai reçu un questionnaire par internet.

On voulait savoir, en substance, si on naît ou si on devient américain. L'Amérique est toujours en mouvement. Donc on ne naît pas américain, on le devient. Il suffit d'être sur le territoire. Tous les accents sont possibles. À part les Amérindiens, on sait que chacun y est venu un jour. Il n'y aucune légitimité possible. De l'affrontement de plusieurs cultures est née un jour l'Amérique. Est-ce pourquoi aux États-Unis quand on vous demande d'où vous venez on entend par là, de quel état vous venez. Et la personne se présente ainsi : je suis John Smith de Californie. Pour le citoyen des États-Unis, on a l'impression que le territoire vient avant l'histoire, la langue ou la religion. Pour l'Haïtien c'est l'histoire d'abord. Pour le Québécois c'est la langue.

*Vous sentez-vous de ce continent?* Je me sens parfaitement intégré dans cette faune humaine. J'aime bien sa diversité. Le fait que d'anciens colonisateurs soient habités par le [même] sentiment patriotique que leurs anciens esclaves. Quand au cas haïtien, il est assez difficile. Notre insularité nous a fait croire parfois qu'on était seuls sur la planète, et d'autres fois nous a reliés à des univers à l'autre bout du monde. Pendant longtemps l'esclavage a légitimé notre présence. Cet esclavage a fondé en quelque sorte notre identité. Il est toujours dangereux de fonder une identité sur une mémoire douloureuse. Le ressentiment devient alors notre moteur. Il fallait éviter de relier l'Afrique à la nostalgie d'une vie avant l'esclavage, et la France uniquement au fait colonial. Donc c'est l'Amérique. Là où les anciens esclaves ont construit une nation et un pays. De plus, un peuple a d'abord besoin d'un sol, d'un paysage, d'une flore, d'une faune pour s'épanouir. Ce qui n'empêche nullement l'esprit de vagabonder sur la planète.

*En quoi votre œuvre est-elle américaine?* La notion du corps. Les Européens placent l'esprit au-dessus du corps. Nous autres Américains (je parle du continent), on place le corps au-dessus de l'esprit. Cela conduit à des dérives comme cette angoisse en face du temps qui passe (la jeunesse éternelle) mais aussi nous donne un plus grand sens du réel. La notion du corps permet de découvrir des choses extrêmement séduisantes — en littérature. Elle ouvre de nouveaux champs dans le récit. Et permet de relier plus aisément qu'en Europe la politique à la sexualité. C'est mon espace de travail. Le corps contamine la sexualité. Déjà du temps de l'esclavage, même très peu d'historiens le relèvent, la question du désir se posait brutalement par la présence du corps de l'esclave. L'esclave, toujours au travail, avait un corps mieux sculpté que le maître. On a beaucoup insisté sur le maître s'introduisant chez la négresse et pas assez sur les rapports de désir entre l'esclave et le monde féminin de la Grande Case. Comme ils ont souffert dans leur chair, les Noirs en Amérique ont leur mémoire imprimée sur le corps.

Le corps couvert de cicatrices visibles ou invisibles. Les anciens colonisateurs ne gardent de cette époque que des blessures de l'âme. J'ai toujours soutenu que le colonisateur a beaucoup plus de soins psychologiques que le colonisé. C'est lui qui porte la responsabilité de la colonisation. Le corps est au colonisé ce que la psychologie est au colonisateur. L'une des subtilités de l'esclavage c'est qu'il enlevait à l'esclave la responsabilité du corps. Son corps ne lui appartient pas. Il est, selon le Code Noir de Napoléon un bien meuble.

*Existe-t-il une littérature américaine?* En fait, des littératures américaines. La littérature étant une mise en forme d'une sensibilité particulière. On a voulu, de ce côté-ci de l'océan, raconter le monde à notre manière. Une manière moins raffinée, plus en prise avec la vie. Sans trop d'esthétisme. Nous avons encore des choses à raconter, des récits à faire entendre. Un style qui change selon la région. Plus fruitée dans la Caraïbe, carnavalesque dans le sud et cow-boy dans le nord. Le projet littéraire est de [raconter] qui nous sommes. De raconter cette expérience unique.

*Et le roman?* L'écrivain de ce continent doit tout faire. C'est un territoire littéraire pratiquement vierge. Un écrivain français ou allemand peut s'appuyer sur une culture et une littérature ancestrale pour décoder son univers. Des formes longtemps établies. Alors que l'écrivain d'ici doit inventer le sol sur lequel devront évoluer ses personnages. Ses personnages risquent de rappeler Adam et Ève car c'est chaque fois le matin du monde. Il y a toujours dans notre littérature une ambiance de commencement des choses. Il faut éviter une utilisation abusive de ces mythes trop récents dont certains ont l'air d'avoir été inventés par des vendeurs de voitures d'occasion. On doit circonscrire notre territoire afin de ne pas trop s'éparpiller. Sinon le paysage prendra tout l'espace et chassera les personnages. Le paysage ne compte pas s'il ne révèle rien de l'intériorité d'un personnage qui l'habite. Alors qu'en Europe les décors sont établis depuis si longtemps qu'il suffit de dire Paris pour évoquer une forme de culture sophistiquée; Rome, une certaine éternité; Berlin, une ville dévastée puis refaite. Par contre, c'est assez difficile d'apporter du neuf dans un jardin si bien dessiné. D'où cette fascination pour l'autofiction. Mon nombril est original. Alors qu'en Amérique on se sent démuni devant un vaste espace à combler. Le vertige de la nouveauté.

*Le problème de la langue?* La langue c'est d'une part l'expression de soi et d'autre part la relation avec l'autre. Les langues (l'anglais, l'espagnol, le français et le portugais) que l'on parle en Amérique disent bien qui furent les maîtres, puisqu'aucune langue africaine n'est parlée. Les Américains d'origine africaine ont accepté de vivre dans la langue du colon. Ils considèrent même leur nouvelle langue comme un butin de guerre. Ce qui est étonnant, c'est que l'un des seuls affrontements se fait entre le français et l'anglais — principalement au Canada. Le français accuse l'anglais de vouloir l'étouffer. Deux langues de colonisation. Les deux ont besoin de l'apport du Tiers-Monde. Le sort des langues occidentales dépend de ces pays surpeuplés.

## ☀ LE CINÉMA (JE RÊVE MA VIE)

*Le rêve*

Ce matin-là, je me suis levé un peu plus tôt que d'habitude. Je circule dans la pénombre, les sens aux aguets, comme un félin cherchant à redéfinir son territoire (l'éclairage peut changer la réalité de choses). C'est qu'un rien me renvoie dans le vaste univers du rêve que je viens à peine de quitter. Et s'il y a quelque chose que je crois proche du cinéma, c'est bien le rêve. On se sent à la fois dans un rêve et hors du rêve (n'est-ce pas la situation du réalisateur qui est le premier spectateur de l'histoire qu'il est en train de raconter?). C'est l'un des derniers mystères de l'enfance, dont le noyau reste aussi dur que du temps où un cauchemar nous réveillait en sueur, que l'âge adulte n'a pas réussi à banaliser. Suis-je l'unique narrateur de ce rêve ou est-ce que je fais partie d'une plus vaste toile qui s'étend sur l'ensemble des dormeurs d'une ville?

Cette image m'est venue en pensant à tous ces gens qui se retrouvent en même temps dans l'obscurité d'une salle de cinéma. Le rêve continue-t-il après votre réveil? En définitive : est-on le personnage principal d'une histoire qu'on tisse autour de soi, ou le metteur-en-scène capable de refaire le même rêve à volonté? Souvent il m'arrive de chercher à poursuivre un rêve qui me plaît. La texture soyeuse des images, l'étonnant montage sonore, les télescopages du temps, la brièveté des séquences : tout cela nous pénètre si profondément qu'on a l'impression qu'il n'y a plus aucune distance entre ce que nous voyons et ce que nous vivons. C'est notre corps, j'ai l'impression, qui produit de telles histoires au moment où notre esprit se repose. Le jeune réalisateur qui s'apprête à vivre sa première journée de tournage espère que cela se passera comme dans un rêve. Comment arriver à recréer dans la réalité les conditions du rêve? Surtout quand l'élément fluide se trouve à être l'argent. Comment faire face à ce dragon qui se tient à l'orée du bois où dort la belle?

*L'argent*
Je mets l'argent tout de suite après le rêve parce que c'est lui qui peut, justement empêcher de rêver. Si pour l'homme d'affaires, le temps c'est de l'argent (et dans ce cas on n'a pas de temps à perdre); pour le cinéaste c'est plutôt l'argent qui permet d'avoir du temps, le temps pour construire l'histoire. Faire un film, c'est disposer

de temps réel pour être capable de rendre vrai ce temps artificiel. Ce temps créé par l'empilement des images qui s'enchaînent avec une telle fluidité que l'œil, seul, n'arrive pas à tout percevoir. Cette masse de sensations tendant à créer une émotion. Nous voilà en situation d'intoxication totale. Tous les sens sont sollicités. Et ainsi le cerveau cesse son montage logique des choses et accepte de suspendre son jugement. Nous touchons alors le monde du rêve. Juste retour des choses. Dans un rêve nous jouons avec des bribes de réalité que nous alternons avec nos phantasmes. Au cinéma, nous reprenons certaines images fortes aperçues dans le rêve que nous mélangeons avec des situations du jour. Et l'argent dans tout cela ? Le producteur porte officiellement le fardeau de l'argent, mais en réalité celui-ci touche tous les secteurs du film et finit par contaminer l'imaginaire même du réalisateur. Dès que j'ai commencé à penser au cinéma, j'ai immédiatement pensé à l'argent. Comment le contourner ? Comment l'empêcher justement de tout envahir ? De Gaulle faisait remarquer que la guerre est une chose trop importante pour la laisser entre les mains des militaires, c'est-à-dire pour ne pas y penser soi-même. Pas uniquement la subir. Et tout de suite la question : quel sorte de cinéma voulez-vous faire ? Un cinéma où l'argent domine ou un cinéma où l'argent ne domine pas ? Alors il faut affronter la question de l'argent pour empêcher qu'il ne vous prenne par surprise. Cela se joue déjà dans le scénario, dans le choix de l'équipe technique, dans le choix des acteurs, dans le choix des lieux de tournage. Et surtout dans la légèreté du projet, la capacité de changer de décor comme de saison. Si le film se joue principalement à l'intérieur du personnage, dans les zones profondes de son cœur sauvage, le décor devient plus interchangeable, un peu comme l'architecture souple et mobile que l'on découvre à l'intérieur de ces maisons japonaises. Ce sont les émotions intenses du rêveur qui créent le décor du rêve.

*La lecture*
D'où cette attirance chez certains cinéastes pour le roman? C'est que la littérature a toujours précédé le cinéma. Et si la poésie s'adressait plus particulièrement à notre essence, le roman s'est contenté d'agiter nos sens. Et c'est ce que fait aussi le cinéma d'une certaine manière. D'où leur étrange ressemblance. La page nous rappelle l'écran lumineux. Et les mystérieux signes de l'alphabet qui dansent sous nos yeux étonnés pour nous plonger dans d'ahurissantes aventures à l'autre bout du monde, tout cela finirait, on s'en doutait, par aboutir au cinéma. J'ai toujours entretenu un rapport fiévreux avec la littérature. Adolescent, je pouvais lire tous les livres que je trouvais sur mon chemin. Après avoir écumé complètement la minuscule bibliothèque de Petit-Goâve (une grande table mal équarrie dans une unique pièce

sombre où habitait une de mes tantes) je passais chaque maison de la ville au peigne fin à la recherche du moindre livre. Je lisais tout ce qui me tombait sous les yeux : les affiches publicitaires, les photos-romans et les vieux journaux que la cuisinière ramenait du marché, et qui avaient souvent servi à envelopper de la viande ou du poisson. L'encre se mêlant à l'eau de mer. C'était du temps où je n'écoutais pas encore la radio qui ne diffusait que de la propagande gouvernementale ou cette musique sans vigueur appelée boléro (une espèce de slow sucré). Ma vie se résumait à la lecture. J'imagine que c'est un peu la formation de plusieurs cinéastes. Après la première partie de mon enfance à Petit-Goâve, j'arrive à Port-au-Prince, en 1964, dans une ville éblouissante qui sentait à plein nez l'urgence, la gazoline et la dictature. Je ne connaissais personne. J'avais trop longtemps vécu en province dans les jupes de ma grand-mère. Les premiers temps, je suis resté derrière le mur. Un garçon de mon âge, Gabo, racontait avec de grands gestes une histoire époustouflante. Au début j'avais l'impression qu'il s'agissait d'un livre, qu'il me racontait une histoire qu'il avait lue dans un livre. Il se souvenait de tout : les paysages, les dialogues, l'action. À cet âge-là, on ne s'intéressait pas encore à la psychologie des personnages. J'écoutais émerveillé, cet unique récitant qui semblait surgir d'un théâtre grec. Cela m'a pris une bonne semaine avant d'oser aborder Gabo, le conteur magique. Je n'avais aucune idée de ce qu'était le cinéma. Pour me l'expliquer, Gabo m'a raconté, de la première image jusqu'au mot fin, en trois jours, cinq à six films. Pendant un moment, j'ai cru qu'il s'agissait d'une sorte de roman oral. Ce n'était pas un conte. Le conte ne tolère pas tous ces détails de la vie quotidienne. Le cinéma c'est la poésie du quotidien. Je n'avais jamais raconté à personne un livre que j'avais lu — même pas un résumé. Cela ne m'était simplement jamais venu à l'esprit. Alors que le petit groupe qu'animait Gabo se retrouvait après chaque nouveau film pour le rejouer. Nous faisions du théâtre avec du cinéma. J'appris par la suite que Gabo détestait lire. J'ai tout de suite eu cette intuition enfantine que moins on lisait, mieux on pouvait comprendre le cinéma. C'est pourquoi près de quarante ans après cette rencontre, j'ai pensé que pour devenir réalisateur, il fallait tuer le romancier en moi. Je n'ai jamais compris cette idée de mettre en film Proust, car ce n'est pas l'histoire mais le style qui fait Proust. Les histoires de duchesses chichiteuses, ce n'est pas ce qui est de plus mémorable dans la littérature. Et *À l'ombre des jeunes filles en fleur* sans le style asthmatique de Proust n'est qu'une banale histoire. La grammaire du cinéma diffère de celle de la littérature.

*La peinture*
J'aime visiter les peintres dans leur atelier. Ils ont cette façon de bouger dans l'espace, la nuque en sueur (le

peintre vous donne dos si vous n'êtes pas son modèle), qui rappelle le réalisateur au travail. La même concentration. Les deux trouvent leur style dans cette façon de moduler les couleurs avec les mouvements. Si la littérature est un art de l'oreille : la peinture et le cinéma sont, me semble-t-il, des arts du regard.

J'allais voir dans ce quartier populaire de Port-au-Prince, le peintre Jean-René Jérôme. Il avait deux façons de travailler qui donnaient l'impression qu'il pouvait se dédoubler. Ces toiles «faciles» qu'il faisait pour vivre — et il pouvait en faire une demi-douzaine par semaine. Et ce qu'il appelait «la vraie peinture», là il lui arrivait de travailler tout un mois sur une toile. Je passais des journées à le regarder faire. Il passait d'une manière à une autre. Pour les «toiles faciles» j'avais l'impression qu'il dansait tant son mouvement devenait de plus en plus fluide. Aucune pensée ne semblait l'effleurer. Il ruisselait de joie. Dès qu'il se retrouvait, à l'autre bout de la pièce, devant la «vraie peinture», son visage devenait sombre, torturé. C'était un homme visiblement en peine. Et je me demandais pourquoi il ne restait pas dans le bonheur que lui procurait la peinture facile. Et pourquoi doit-il penser que ce qui est facile à faire n'est pas de qualité ? Je doutais de cette légitimité que procure la souffrance. Je sens qu'il y a un travail, en accord avec notre nature profonde, qui se fait durant notre sommeil et dont on n'a aucunement conscience. C'est pourquoi certains matins on arrive à résoudre des problèmes qui nous semblaient insolubles la journée précédente. Héraclite dit justement que «L'homme qui dort construit l'univers».

Je rencontrais, à l'époque, au Centre d'art de Port-au-Prince, des peintres dits primitifs. Et ce qui m'a impressionné, du premier coup, c'est leur façon de voir la peinture. La notion d'art leur est totalement inconnue. C'est un travail qui leur est commandé et qu'ils exécutent de la façon la plus naturelle possible. Aucun état d'âme. Ils exploitent un talent pour vivre. Ils laissent affleurer ces mondes qui les habitent. Le vaudou tient une grande place dans la formation de leur sensibilité. Le non-dit se trouve au cœur de cette religion dont les dieux sont appelés des «mystères». Les couleurs sont celles des dieux. Les vèvès révèlent une culture d'une élégance intellectuelle rare. Jasmin Joseph avec sa gentillesse proverbiale, le sévère Rigaud Benoît, Salnave Philippe-Auguste, le sec petit juge de Saint-Marc, Castera Bazile qui a changé son balai pour un pinceau, Robert Brice à la fois chaleureux et mystérieux. Tous ces gens ont mis à mal, chez le jeune homme qui les visitait, la notion de l'artiste angoissé chère aux romantiques.

*La réalisation*
Comme c'était le premier jour de tournage de mon premier film, et que je n'avais jamais assisté à une

mise-en-scène quelconque auparavant, il me fallait plonger à l'intérieur de moi-même afin de trouver les repères possibles qui m'aideraient à garder cette froide distance nécessaire pour mener à bien cette nouvelle aventure. Quand j'entreprenais l'écriture de mon premier roman, j'étais dans la même situation : je ne savais pas comment faire. Et je sentais confusément que ma chance était là. J'aime m'aventurer sur des terres vierges. J'allais donc tirer des leçons de mes observations de la vie, de mon sens personnel du rythme. Je me suis donc assis dans la pénombre du salon tentant de remémorer toutes les rencontres que j'ai eues avec ces peintres primitifs qui font des tableaux sans discourir à propos de la peinture, tentant de revoir le visage ébloui de mon ami d'enfance Gabo, le premier qui m'a parlé de cinéma simplement en me racontant des films (la leçon c'est qu'une histoire bien racontée laisse toujours assez de liberté au prochain conteur pour qu'il la réinvente). Bon, le taxi est là. Le producteur a voulu m'envoyer une voiture. J'ai refusé car j'avais l'impression que ce qui était plus important que le scénario, le jeu, le décor, c'était l'état d'esprit dans lequel j'allais démarrer cette première journée. Je voyais danser devant moi, le dos en sueur, le peintre Jean-René Jérôme, quand il faisait ses «toiles faciles». C'était cette aisance que je voulais imprimer dans mon travail. Il ne s'agissait pas d'un film mais d'une manière d'être. C'est notre façon caribéenne de circuler, de bouger dans l'univers. Je me glisse dans l'espace étroit entre le rêve et la réalité. C'est à tout cela que je pense dans le taxi.

*Le travail*
L'écriture d'un scénario de cinéma est tout à fait différente de celle d'un roman. J'ai écrit la plupart de mes livres dans une petite chambre ensoleillée, à Miami. J'avais placardé sur la porte, cette phrase de Montaigne : «Je ne fais rien sans gaieté». Je me mettais à ma table quand la maison s'était complètement vidée. L'écrivain travaille dans la solitude. J'arrive sur les lieux de tournage. Une vraie ruche. Juste avant de commencer à tourner la première scène, le silence m'est tombé dessus avec une telle force que j'en suis resté comme abasourdi. Le même que j'ai connu dans ma petite chambre. Et c'est à ce moment qu'on aurait tendance à se prendre pour Dieu. Ce n'est ni le romancier, ni le réalisateur qui dirige la scène, c'est plutôt la vérité des personnages et la puissance de l'histoire. On n'a qu'à rester aux aguets pour empêcher les dérapages.

 Ce qui étonne durant un tournage, c'est le nombre extravagant de choix à faire, depuis la couleur de la robe (bleue ou jaune) jusqu'au poids de la valise. Tout doit passer devant moi. J'étais abasourdi. Essoufflé aussi par ce rythme effréné. Tout va à une telle vitesse. Truffaut disait qu'un film est terminé «quand tous les problèmes ont été résolus». La prochaine étape est pourtant cruciale : le montage. Si la réalisation est la première version du film, le montage est une sorte de réécriture. Son but est de faire surgir de ce magma le style du réalisateur.

*L'Éternité*
Mais toute cette énergie tend vers une seule chose : garder le plus longtemps possible mon enfance avec moi. Repasser dans ma mémoire cette petite galerie ensoleillée, où se trouvaient vers deux heures de n'importe quel après-midi, une vieille dame et un petit garçon. La vieille dame est toujours en train de boire du café. L'enfant observe les fourmis. Le temps n'existe pas.

*Paradis retrouvé…?*

## HENRY KREISEL LECTURE SERIES

**FROM MUSHKEGOWUK TO NEW ORLEANS**

*A Mixed Blood Highway*

JOSEPH BOYDEN

ISBN 978–1–897126–29–5

**THE OLD LOST LAND OF NEWFOUNDLAND**

*Family, Memory, Fiction, and Myth*

WAYNE JOHNSTON

ISBN 978–1–897126–35–6

**UN ART DE VIVRE PAR TEMPS DE CATASTROPHE**

DANY LAFERRIÈRE

ISBN 978–0–88864–553–1

**THE SASQUATCH AT HOME**

*Traditional Protocols & Modern Storytelling*

EDEN ROBINSON

ISBN 978–0–88864–559–3

*Coming 2011*

www.ingramcontent.com/pod-product-compliance
Ingram Content Group UK Ltd.
Pitfield, Milton Keynes, MK11 3LW, UK
UKHW042331230126
467268UK00003B/173